Ln 27 13340

LA MANDRINADE,

OU

L'HISTOIRE

CURIÈUSE, VÉRITABLE

ET REMARQUABLE

De la Vie de Louis Mandrin.

A SAINT GEOIRS.

M. DCC. LV.

AVIS
AU LECTEUR.

LECTEUR, lis & penses. Cette Vie t'apprendra à fuir les Méchans, & à ne l'être pas. Si tu comprends tout ce qui est contenu dans ce petit Livre, tu n'es pas médiocrement Philosophe; si tu ne le comprends pas, tu n'es pas sot à demi.

HISTOIRE
DE
LOUIS MANDRIN,

Né natif de Saint Etienne de Saint Geoirs, en la Province de Dauphiné en France.

CHAPITRE PREMIER.

Comme quoi Louis Mandrin étoit issu de mauvaise race.

LUSIEURS ont pensé que le grand scélérat dont je vais écrire la vie étoit bâtard; mais on a vu son extrait de baptistaire, & des certificats par lesquels il est constant que sa mere étoit une honnête femme, craignant Dieu & bien vivante. C'est même en partie aux prie-

res de cette bonne femme qu'on croit qu'il est redevable de la mort chrétienne qu'il a faite; sans elle il seroit mort comme il a vécu, car il y a long-temps qu'on le dit, *telle vie, telle mort*. Son pere n'étoit pas tout-à-fait si honnête homme que sa mere étoit honnête femme. Ce grand misérable juroit, sacroit, battoit sa femme quand il étoit saoul; & il l'étoit souvent, car il ne buvoit que de l'eau-de-vie: il disoit, que c'étoit la mode à Paris de ne boire que de l'eau. D'ailleurs on sçait qu'il a été pendu quelques années avant son fils aîné pour avoir fait de la fausse monnoie. Tels furent le pere, la mere & le frere de Louis Mandrin, Colonel Général des Faussonniers & Contrebandiers de France. Son frere cadet est encore aux Galeres.

CHAPITRE II.

Comme quoi Louis Mandrin fit souffrir sa mere avant que de naître, & un rêve affreux de ladite mere.

Magdelaine (c'est le nom de la mere de Mandrin; & elle étoit bien nommée, car elle fut presque toute sa vie triste comme une Magdelaine) : cette pauvre Magdelaine souffrit beaucoup tandis qu'elle portoit Louis Mandrin, son second fils. Jamais dans aucune de ses grossesses elle n'avoit été si fort tourmentée ; il lui sembloit qu'on lui déchiroit continuellement les entrailles, & elle avoit jour & nuit des coliques qui ne lui laissoient presque point de repos. Elle prenoit pourtant son mal en patience, & offroit sa peine à Dieu. Cette bonne femme disoit souvent cette priere : *Mon Dieu, faites souffrir la mere, mais sauvez l'enfant.*

Un jour accablée par la douleur elle s'endormit. Ce sommeil passager, qui devoit adoucir ses peines, les augmenta, & fut pour elle encore plus cruel que ses insomnies. Elle réva qu'elle accouchoit, & qu'elle mettoit au monde un serpent effroyable. Ce serpent se rouloit sur la terre, & sifloit d'une maniere horrible. Il s'éloigna d'abord ; puis revenant sur elle en formant sur la poussiere mille replis, il sembloit qu'il alloit la dévorer : mais un chariot passa subitement par-dessus son corps, & le coupa en passant en plusieurs morceaux. Ce songe affreux agita beaucoup Magdelaine, & elle s'éveilla en sursaut, bien

A j

surprise de ne voir plus aucune trace du spectacle étonnant qui l'avoit occupée pendant qu'elle dormoit. Ce songe lui resta long-temps gravé dans la mémoire, & lui donna de grandes inquiétudes au sujet de Louis Mandrin quand il fut né, sur-tout quand elle se fut apperçue des mauvaises inclinations dont son cœur étoit rempli, elle pensoit toûjours aux roues du chariot.

CHAPITRE III.

Comme quoi Louis Mandrin naquit avant terme velu comme un bouc. Circonstances de sa naissance & de sa premiere enfance.

LEs inquiétudes & les douleurs qui tourmentoient jour & nuit Magdelaine, ne lui annonçoient pas des couches heureuses. Elle accoucha en effet avant terme, on ne sçait pas exactement le jour, ni l'année. Comme Magdelaine étoit occupée à pleurer & à prier Dieu d'avoir pitié d'elle & de son fruit, quoique le Ciel fût pur & serein, & qu'il n'y eût pas dans l'air ni un nuage, ni un souffle de vent, un éclat de tonnerre épouventable se fit entendre. Dans les orages les plus violens, on n'en entend pas de plus forts. Tout le Village de Saint Geoirs en fut allarmé, & le pere de Mandrin en fut si effrayé qu'il fit un signe de Croix, le premier, à ce qu'on dit, qu'il eût fait de sa vie ; car c'étoit, comme l'on sçait, un méchant garnement. Magdelaine fut si surprise du coup de tonnerre, qu'elle commença aussitôt à sentir les douleurs de l'enfantement. Elle accoucha un quart d'heure après d'un fils, qui fut Louis Mandrin, dont j'écris l'Histoire. Quelque temps après qu'elle eut accouché, & qu'elle fut un peu remise de ses souffrances, elle demanda à voir son fils. Elle fut bien surprise de le voir tout couvert de poil, & plus semblable à un bouc qu'à un homme. Elle l'embrassa cependant tout dégoûtant qu'il étoit, car c'étoit la meilleure mere du monde, & la meilleure pâte de femme qu'on ait vûe depuis long-temps. Le pere ne fut point fâché de voir son fils si laid, il ne fit qu'en rire ; c'étoit le plus mauvais naturel qu'on pût voir.

Il s'agit bientôt de le porter à l'Eglise pour le faire baptiser. Mais on étoit fort embarrassé : on craignoit que le Curé de Saint Geoirs ne voulût pas le baptiser, parce qu'il n'avoit pas figure humaine. La famille s'assembla pour délibérer sur cette matiere, & personne ne trouvant d'expédient, le pere renvoya tous les parens, & emporta l'enfant dans sa chambre. Quand il y fut arrivé, il se mit à arracher impitoyablement à son fils tous les poils qu'il avoit sur le visage, & lui pela la tête jusqu'au-dessus du front. Le petit Mandrin crioit comme un petit malheureux; mais Mandrin, qui n'avoit pas le cœur tendre, faisoit cette besogne en chantant, ce qui empêcha Magdelaine, qui étoit dans son lit, d'entendre les cris de son fils. Quand l'opération fut faite, il essuya le visage de l'enfant, qui étoit tout couvert de sang, & le porta sur le lit de sa mere, en disant : Tiens, voilà ton fils qui a maintenant un visage d'homme, fais le porter à l'Eglise. La mere tomba évanouie quand elle vit son fils, elle pensa expirer de douleur. Mandrin le pere s'en moqua, & la laissa revenir sans lui donner de secours. Quand la mere fut revenue à elle-même, elle prit son enfant entre ses bras, elle le pansa pendant plusieurs jours, elle eut même la consolation de le guérir.

Quand il fut guéri on le porta à l'Eglise, & Monsieur le Curé le baptisa, & le nomma Louis.

Il est à remarquer que Louis Mandrin étoit venu au monde avec des dents, ce qui empêcha sa mere de le nourrir. On lui chercha en vain une Nourrice, on n'en put trouver aucune. Les femmes du pays ne voulurent jamais se charger d'un pareil nourrisson, & sa mere prit le parti de lui faire tetter une vache. La vache mourut au bout de quinze jours des morsures de cet enfant. Il en mourut jusqu'à trois; mais quand la troisiéme mourut Louis Mandrin étoit déja fort & en état de se passer de lait. Il ne tetta plus; il vécut de bouillie pendant quelques mois, & bientôt après il mangea de la viande.

Dès qu'il usa de cette nourriture il devint gros & fort plus qu'aucun enfant de son Village. Tout le monde en étoit surpris. Quand on vouloit dire qu'un enfant étoit fort, on disoit : Il est fort comme le petit Mandrin. C'étoit un proverbe dans le pays. Louis Mandrin ne fut pas long-temps sans parler : dès l'âge de deux ans, il articuloit un jurement avec autant d'énergie que son pere; cela faisoit trembler. Il avoit la voix forte

& rauque, & le regard fier & farouche. Quand il se mettoit en colere il grinçoit des dents, ses yeux s'enflammoient, & les cheveux lui dressoient à la tête; il avoit l'air d'un démon. Sa mere en étoit allarmée; mais elle espéroit qu'elle viendroit à bout de le corriger. Voilà comme les parens se flattent; ils sont aveugles sur le compte de leurs enfans.

Un jour il trouva un des pistolets de son pere sur la table; il le prit, le tira, & pensa tuer sa mere. On n'a jamais bien sçu s'il l'avoit fait exprès. Il soûtint devant sa mere qu'il l'avoit fait par mégarde; mais ceux qui le connoissoient bien ne douterent pas qu'il n'eût voulu tuer sa mere. Elle eût été trop heureuse de mourir même de la main de son fils, la mort lui auroit épargné bien des chagrins qu'elle a endurés depuis.

CHAPITRE IV.

Comme quoi Louis Mandrin filoutoit au jeu, & faisoit prendre du Tabac par force à ses Camarades.

Quand Louis Mandrin fut devenu plus grand, sa mere le menoit tous les Dimanches à la grande Messe, au Catéchisme & à Vêpres. Mais souvent il s'échappoit de sa mere pour aller jouer avec tous les petits vagabonds du Village de S. Geoirs. Magdelaine avoit beau le gronder, il n'en tenoit aucun compte ; elle étoit trop bonne, & l'élevoit avec trop d'indulgence. Voilà comme les parens gâtent leurs enfans, & en font des coquins qui les déshonorent dans la suite. Nos peres avoient bien plus de raison que nous, & ils avoient tous les jours à la bouche un proverbe dont ils pratiquoient bien la morale : *Qui bien aime, bien châtie*, disoient-ils ; & ils disoient bien. Aussi de leur temps il n'y avoit pas tant de vauriens qu'il y en a à présent. Mais revenons à Louis Mandrin.

Il étoit mauvais joueur ; il se fâchoit au jeu, & filoutoit beaucoup. Quand quelqu'un s'appercevoit de sa supercherie & vouloit lui tenir tête, il le battoit ; & comme il étoit fort & qu'il avoit la main mauvaise, la plûpart n'osoient disputer contre lui. Il se battoit bien ailleurs qu'au jeu : quand il étoit de mauvaise humeur, il cherchoit noise à ses camarades, & les frottoit d'importance.

Il avoit une manie, c'étoit de faire

prendre du tabac par force aux petits garçons. Il prenoit plaisir à les voir éternuer après. Plusieurs de ces enfans en furent malades ; on croit que quelques-uns en sont morts.

CHAPITRE V.

Comme quoi Louis Mandrin voloit les boutons de ses Camarades, & l'usage qu'il en faisoit.

NOn content de filouter ceux avec qui il jouoit, il les voloit. Tandis qu'ils étoient occupés à jouer, il se glissoit secretement auprès d'eux, & coupoit avec son coûteau, sans qu'ils le vissent, les boutons de cuivre qu'ils avoient sur leur habit ; il faisoit cela avec une dextérité merveilleuse ; jamais on ne s'en est apperçu : c'est lui qui depuis l'a avoué dans sa prison. Quand il étoit arrivé chez lui il prenoit un marteau & applatissoit les boutons qu'il avoit volés, il les arrondissoit, & les donnoit ensuite pour des liards : quelquefois il les frottoit un peu avec du vif argent, qu'il prenoit derriere le miroir de sa mere, & alors il les donnoit pour des sols marqués. Il jouoit déja mille tours de cette espece. C'étoit un petit brigand, qui ne demandoit qu'à croître pour être un grand scélérat. Monsieur le Curé de Saint Geoirs, qui étoit un grand homme de bien, avertissoit souvent la mere de corriger son fils ; mais la mere n'osoit, à cause de la colere horrible dans laquelle il entroit quand on vouloit le punir. La bonne femme avoit scrupule de le faire jurer : d'ailleurs elle se souvenoit de l'Histoire du Pistolet ; elle avoit peur pour sa vie.

CHAPITRE VI.

Comme quoi Mandrin haïssoit les Prêtres, & en vola un dans un bois n'étant âgé que de quinze ans.

LOuis Mandrin découvrit que Monsieur le Curé avoit parlé mal de lui à sa mere ; cela lui donna une aversion effroyable pour les Prêtres ; & quoique Monsieur le Curé lui eût appris le peu de Catéchisme qu'il sçavoit, il le haïssoit encore plus que les autres. Comment quand on n'aime pas Dieu aimeroit-on les Ministres & ses serviteurs ? Il n'avoit encore que quinze ans, lorsqu'il en rencontra un dans un bois sur les sept heures du soir; il faisoit encore jour: il l'accabla de coups & d'injures, lui vola son argent, & le laissa sur la place à demi-mort.

CHAPITRE VII.

Comme quoi une Bohemienne dit à Louis Mandrin sa bonne aventure.

IL n'y a point de si bon menteur qui quelquefois ne dise vrai. On en va voir un exemple. Un jour il passa par Saint Geoirs des diseuses de bonne aventure; elles en imposerent à bien des gens; tout le monde venoit en foule chez ces sorcieres pour sçavoir ce qui devoit leur arriver: il y en a qui s'en sont bien repentis depuis; car les prédictions leur ont donné dans la suite de rudes peurs. Mandrin alla comme les autres présenter sa main à une des Magiciennes, qui le regardant entre deux yeux, lui prédit qu'il seroit pendu une fois & roué deux: prens garde à toi, lui dit-elle, tu seras mal-avalé. Mandrin qui ne craignoit pas d'être mangé, & qui se croyoit fait pour

manger

manger les autres, se moqua de la prédiction. D'ailleurs il ne pouvoit se persuader qu'il pût être pendu & ensuite roué deux fois. Cependant la prédiction s'accomplit toute entiere, & pour cette fois le diable n'eut pas tort, comme on le verra ci-après.

CHAPITRE VIII.

Comme quoi Louis Mandrin avoit des lettres, & s'étoit fait une Bibliotheque.

QUoique Mandrin n'eût point fait d'études au Collége, & qu'il ne sçût ni Grec ni Latin, il avoit cependant de la culture. Il avoit lû, & comme il avoit de la pénétration & de la vivacité dans l'esprit, ses lectures l'avoient instruit : il avoit des connoissances & des lumieres sur beaucoup d'objets : il employoit le temps de son loisir à lire & à boire ; mais il lisoit plus qu'il ne buvoit. Après son repas on le voyoit tous les jours la pipe en gueule & un Livre à la main pendant plusieurs heures. Il n'a interrompu cet usage que deux ans avant sa mort, à cause de ses grandes occupations. Les Livres qu'il lisoit par préférence, étoient des ouvrages clandestins, faits contre le Roi, le Gouvernement, la Magistrature & la Religion. Ces Livres étoient ses délices : il se nourrissoit des observations creuses qu'on lit dans plusieurs Livres composés de nos jours, & fort applaudis par les beaux esprits, quoiqu'on n'y respecte ni l'Autel, ni le Trône. Mandrin se regardoit comme un Philosophe : il croyoit avoir avec les Auteurs qu'on lisoit, le privilége exclusif de sçavoir penser. Le peuple végete, disoit-il, & nous nous pensons.

CHAPITRE IX.

Comme quoi un vaurien lui fait croire qu'il n'y a point de Dieu, & les progrès qu'il fait dans le crime en conséquence.

Mandrin qui se sentoit de l'esprit eut envie de venir à Paris, comme font ceux qui en ont, ou qui croient en avoir. Là il se comporta en vagabond, courant les Brelans, les Caffés & les Théatres, autant que ses finances le lui permettoient ; & quand l'argent lui manquoit, il y suppléeoit par son industrie. Dans un

Caffé où il étoit fort assidu, il fit la rencontre d'un méchant homme, scélérat à titre d'office, & grand faiseur de Livres gros & menus, un songe-creux, ayant la dent mauvaise, esprit double, écrivant, parlant pour & contre, selon que le vent donne, soutenant l'Autel d'une main, & le renversant de l'autre, sentant la hard de cent pas à la ronde, au demeurant le meilleur fils du monde : on l'avoit surnommé le Prédicateur du Diable. Mandrin étoit fort exact à ses sermons, & comme il étoit très-bien disposé, il en profitoit beaucoup. En moins de rien le Prédicateur lui apprit à ne craindre ni le Ciel, ni l'enfer : il lui persuada qu'il n'y avoit point de Dieu, de Paradis, ni d'enfer. Cette doctrine abominable acheva la perversion de Mandrin. Depuis ce temps-là il n'y eut sorte de débauche à laquelle il ne s'abandonnât ; point d'injustices, point de cruautés qu'il ne commît sans presque aucune répugnance : c'étoit un démon incarné. Il fut souvent arrêté : tantôt on le conduisoit à Bicêtre, tantôt au Fort-l'Evêque, tantôt aux Petites-Maisons ; mais il trouva toujours le moyen d'échapper, soit par les fenêtres, soit par les portes, soit par les cheminées, & même quelquefois à travers les murailles, qu'il perçoit avec une facilité extraordinaire.

CHAPITRE X.

Comme quoi Louis Mandrin voulut composer des Livres pour gagner sa vie.

LA fréquentation des Auteurs lui donna l'envie de l'être. Il voyoit tant de gens faire des Livres, quoiqu'ils eussent moins d'esprit que lui, qu'il crut pouvoir en faire aussi. D'ailleurs son industrie étoit épuisée, la faim le pressoit : il se mit à faire un Livre. Vaille que vaille, il en fit un qui lui produisit quelques pistoles : il en fit un second qui lui coûta beaucoup de peine, & qui ne lui valut rien : enfin il en fit un troisiéme qui ne put être imprimé, & qui le désespéra. Dépité par ce mauvais succès, il résolut de ne plus écrire, d'autant plus qu'un de ces écrits qu'il avoit donnés au Public, lui avoit attiré une grêle de coups de cannes, dont il ne se vanta pas. Il est vrai qu'il en rendit une partie : c'étoit la seule chose qu'il rendoit volontiers. Mais comme depuis qu'il étoit devenu bel esprit & Auteur, son embonpoint avoit beaucoup diminué, son extrême maigreur le rendit plus sensible aux coups de canne; ce qui le fit renoncer au métier, pour en prendre un autre qui ne vaut guères mieux.

CHAPITRE XI.

Comme quoi Louis Mandrin se fit Faux-Monnoyeur & fut découvert, puis pendu en effigie.

APrès avoir fait des Livres, il se mit à faire de l'argent. Pour cela il se joignit à une société de bandits qui faisoient ce métier depuis long-tems dans le Dauphiné. Il y avoit dans cette troupe deux de ses freres. Quand Mandrin se fut joint à eux, leur commerce augmenta de la moitié pour le débit & pour le profit: en moins de rien tout le Dauphiné fut inondé de fausses pieces, à la place desquelles mes drôles en recevoient de bonnes qu'on ne voyoit plus. La supercherie fut découverte par un Bas-Normand venu de Donfront en Dauphiné; on ne sçait pas pourquoi; il n'a jamais voulu le dire. Les Normands regardent de près à l'argent qu'ils reçoivent, de plus près encore peut-être à celui qu'ils donnent: c'est un problême à décider. Quoi qu'il en soit, le Bas-Normand ayant remarqué qu'un écu qu'on lui donnoit étoit d'une mauvaise fabrique, & s'en étant plaint, sa remarque rendit les Dauphinois plus circonspects, & on reconnut avec beaucoup de chagrin que la Province étoit presqu'entierement dépouillée, & qu'il n'y restoit plus que de faux écus.

Les Magistrats ouvrirent les yeux, ils firent des perquisitions, on ordonna des visites chez différens particuliers; enfin on parvint à la source du mal, & on envoya la Maréchaussée saisir les Faux-Monnoyeurs dans une cave où ils s'étoient renfermés. Les Archers se mettent en marche, & arrivent à l'entrée de la cave: la porte est bientôt enfoncée, ils entrent la bayonnette au bout du fusil; mais Louis Mandrin qui avoit entendu du bruit, s'échappe avec plusieurs de ses camarades par une porte de derriere qu'on avoit fait faire depuis son arrivée; c'étoit lui qui en avoit donné le dessein. Deux de ses freres furent pris, & on les conduisit à Grenoble: l'un fut condamné à être pendu, & le fut en effet; l'autre fut envoyé aux Galères : pour Louis Mandrin il fut pendu en effigie, & vérifia par ce premier évenement le premier article de la prédiction que lui avoit faite la Bohemienne. Il s'enfuit dans un pays étranger, d'où la misere le fit bientôt sortir. Il est vrai qu'il avoit emporté avec lui beaucoup d'argent; mais, comme on sçait, *bien mal acquis ne prospere pas.*

Bientôt tout cet argent fut dépensé : il fit un commerce qui le ruina. Comme il étoit riche en argent, il s'avisa d'acheter tout le vin du pays, pour le revendre ensuite plus cher aux habitans : c'est chez les Suisses qu'il étoit. Ces gens-là n'entendent pas raillerie sur l'article : ils firent enlever sans payer tout le vin qu'il avoit dans ses magasins, & le firent vendre publiquement au prix commun, & au profit de l'Etat. Cet accident réduisit Louis Mandrin à la derniere extrémité : il fut contraint de revenir en France, loin de son pays, dans un Village du ressort du Parlement de Grenoble.

CHAPITRE XII.

Comme quoi Louis Mandrin se fait Maquignon, & tue une femme.

Louis Mandrin en sortant de Suisse vola plusieurs beaux chevaux qu'il fit passer en France : moyennant ce petit fonds, il se mit en état de monter un commerce considérable en chevaux : il entendoit merveilleusement l'art de troquer & de vendre : c'étoit un homme d'esprit ; il se connoissoit en marchandises ; il troquoit un cheval médiocre contre un cheval un peu meilleur, & se faisoit encore donner du retour : ensuite il montoit ce cheval & l'engraissoit à peu de frais : il y dépensoit ordinairement l'argent qu'il avoit eu de retour. Quand le cheval étoit gras, il le troquoit encore contre un cheval de grand prix avec du retour, qui le mettoit en état de rendre ce dernier cheval un cheval sans prix. Alors il vendoit ce cheval tout ce qu'il vouloit, & il ne lui en avoit coûté pour se le procurer qu'un cheval des plus médiocres, & de l'industrie, dont il ne manquoit pas. Le drôle étoit éloquent;

il

il se donnoit tellement un air de probité & de désintéressement quand il vendoit, qu'on étoit fol de commercer avec lui : c'étoit à qui acheteroit de lui, & à qui lui vendroit : on sortoit toûjours d'avec lui persuadé qu'on avoit fait le meilleur marché du monde. Graces à son talent, ce métier lui valoit plus en deux mois, que ses Livres ne lui avoient valu en un an. Mais cette prospérité ne fut pas longue. Un jour qu'il faisoit voyage pour aller conclure un marché, il rencontra sur son chemin une femme qui faisoit la même route que lui. Cette femme étoit dans le sentier où marchoit son cheval ; il alloit le grand galop, & il l'eut bientôt jointe ; mais la femme n'ayant pû s'écarter assez tôt, & lui n'ayant pas voulu détourner son cheval, il la renversa & lui passa par-dessus le corps : elle mourut sur le champ. Le cheval lui avoit marché sur la tête & avoit fait sauter à trente pas la moitié de son crâne avec un de ses yeux qui y étoit demeuré attaché. Cette femme se sentant frappée, joignit les mains & leva les yeux au Ciel, comme pour recommander son ame à Dieu. La Justice le lendemain la trouva les mains jointes, & un œil tourné vers le Ciel. Cette circonstance étoit spécifiée

C

dans le procès-verbal. Le Parlement de Grenoble prit connoissance de cette affaire, & ayant reconnu que Mandrin étoit l'auteur de cet horrible assassinat, il le condamna à être rompu : il ne le fut qu'en effigie, parce qu'il s'étoit enfui. La femme qu'il avoit tuée avoit six enfans beaux comme le jour, dont l'aîné n'avoit que huit ans & quelques mois. Son mari étoit mort l'année d'auparavant ; de sorte que ces pauvres petits orphelins exciterent la compassion de tout le pays, & rendirent Mandrin l'exécration de tous les honnêtes gens. Quand les enfans apprirent la mort de leur mere, ils firent tous ensemble un cri qui perça le cœur de ceux qui l'entendirent : ils pleurerent pendant plusieurs jours, sans que rien pût les consoler ou les distraire : ceux qui cherchoient à les consoler s'attendrissoient eux-mêmes & pleuroient avec eux : c'étoit un spectacle lamentable. Voyez combien un seul homme fait quelquefois de malheureux. Mandrin étoit né pour le malheur du genre humain.

CHAPITRE XIII.

Comme quoi Louis Mandrin alla en Savoye, puis en revint à la tête d'une troupe de Contrebandiers dont il étoit le Chef; son installation, & les conventions de la Compagnie.

EN se rendant en Savoye il créva son cheval à force de courir, parce qu'il craignoit la Justice, & fut obligé de faire une partie du chemin à pied. En chemin faisant il rencontra une caravanne de Savoyards qui revenoient de France, & se joignit à eux. Il y en avoit un dans la troupe qui le reconnut & lui dit; Hé, camarade, n'est-ce pas vous que j'ai décroté quelquefois à la porte de l'Opera? Mandrin ne faisoit pas semblant d'entendre. C'étoit un Savoyard par lequel il avoit été décroté une fois, & qu'il avoit payé en monnoie de singe, dans le temps qu'il étoit faiseur de Livres. Le Savoyard redoubla : écoute donc, dit-il, je crois que tu es sourd; & l'argent que tu me dois, où est-il? dame c'est qu'il n'y a pas à t'enfuir dans ce pays-ci; on ne court pas ici comme dans les rues de Paris : allons, Monseigneur, vîte de l'argent. En même temps le Savoyard s'approche de Mandrin & lui saute à la cravate. Mandrin qui n'étoit pas sur son fumier & qui ne se sentoit pas de force à résister à tant de monde, fila doux & donna de la finance au Savoyard, qui voyant qu'il faisoit les choses de bonnes graces, se réconcilia bien-tôt avec lui ; il embrassa Monsieur l'Auteur, & la paix fut faite. *Querelle de coquin ne dure pas*. Ils continuerent leur route, & s'arrêterent d'abord à Anecy, ensuite à Rémilly, à Albye, à Aix, au Bourget, & enfin à Chamberry. Quand il fut arrivé à Chamberry, il fit connoissance avec des Contrebandiers qui portoient du tabac en France. A force de boire avec eux il se fit connoître, ils le goûterent, & il prit bien-tôt sur leurs esprits un ascendant qu'il conserva jusqu'à la mort. Il leur donna des vûes, leur proposa des projets, & leur suggéra des ressources qu'ils n'eussent jamais imaginées. Ils furent enchantés d'avoir trouvé un homme du mérite de Mandrin. Ils continuerent pendant plusieurs jours de le faire parler sur différens objets de leur commerce : il en parloit comme s'il eût été Contrebandier toute sa vie. Un jour qu'il les ravissoit par son éloquence, ils lui dirent dans un transport d'enthousiasme, que s'il vouloit être leur Capitaine, ils alloient toute à l'heure se donner à lui & lui confier leur fortune & leur vie; qu'ils ne se soucioient point qu'il mît d'autre fonds dans leur commerce que son talent & son génie; qu'il auroit par-tout la part de Capitaine sans rien fournir du sien; qu'ils ne demandoient qu'à être à lui. Il leur répondit qu'il demandoit du temps pour y penser; qu'il leur donneroit sa réponse le lendemain à la même heure & au même cabaret. Il vouloit s'assurer d'eux par ce délai, & voir si leur choix étoit véritablement fondé sur leur estime. Il passa la nuit la tête en feu & pleine de projets ambitieux. Il revient le lendemain; il trouve les Contrebandiers dans les mêmes sentimens que la veille, & persistant à vouloir le faire leur Chef. Il accepta leur offre, après s'être fait encore beaucoup prié, & fut installé Colonel Général de la maniere que nous allons dire.

Suite du Chapitre treiziéme.

Avant de rien conclure, Mandrin fit un long discours à ses Compagnons assemblés. Je ne le rapporterai point ici, de peur de tomber dans le défaut de quelques Historiens, d'ailleurs gens d'esprit, qui interrompent le fil de leurs histoires par des harangues très-belles, mais très-déplacées. On pourra donner au Public les Harangues & les Réflexions de Mandrin dans un ouvrage particulier, où certainement le Lecteur les trouvera mieux que dans cette Histoire. Après donc avoir fait son discours, dans lequel il témoigna beaucoup de reconnoissance & de modestie, quoiqu'il n'eût guères ni de l'une ni de l'autre, & dans lequel il exagéra les talens & les soins que demandoit la Charge dont on vouloit l'honorer, & il déclara à ses Compagnons qu'il avoit des Statuts & Reglemens à leur proposer, dont il vouloit qu'ils jurassent l'observance, & qu'après cette cérémonie il recevroit leur serment de fidélité, & consentiroit à les commander dans toutes leurs expéditions. Voici les Statuts. Il fit peu de loix, afin qu'on les observât toutes.

Le premier Statut étoit conçu en ces termes : *Plus d'intérêt que de gloire.*

Explication. Par ce Statut il étoit ordonné d'employer tous les moyens justes ou injustes qui seroient proposés pour le succès de la contrebande, pourvû qu'il y eût sureté.

Le second Statut étoit ainsi exprimé:
Plutôt mourir que servir.

Explication. Par ce Statut il étoit reglé que si dans un combat quelqu'un étoit blessé, de maniere qu'on fût réduit à le laisser sur le champ de bataille, on le tueroit, plutôt que de le laisser vif entre les mains des ennemis.

Dans le troisiéme Statut il étoit dit:
Autant d'argent que de valeur.

Explication. Cela vouloit dire que plus un exploit d'armes seroit utile à la contrebande, plus il seroit profitable à celui qui l'auroit fait. Il y avoit à gagner cent pistoles & la dépouille pour un Receveur pris: deux cens pistoles & la dépouille pour un Directeur pris: trois cens pistoles & la dépouille pour un Sous-Fermier: cinq cens pistoles & la dépouille pour un Fermier. Le reste du profit devoit être remis dans la Caisse militaire.

Le quatriéme Statut étoit cette devise:
De loin & de près.

Explication. On entendoit par là que la troupe iroit attaquer l'ennemi les armes à la main, quand il seroit nécessaire, & que là on ne prendroit conseil que de sa valeur & des Statuts déja proposés: que lorsqu'on pourroit se dispenser de combattre, on useroit pour le profit de la troupe des industries ordinaires & extraordinaires de la contrebande, se tenant toujours loin de l'ennemi.

Le cinquiéme Statut:
Vive la représaille.

Explication. Ce Statut ordonnoit que si quelqu'un de la troupe étoit roué ou pendu, les prisonniers que l'on feroit le seroient aussi & en pareil nombre; excepté un article, sçavoir, que si le Général étoit roué, on roueroit quatre prisonniers, s'il étoit pendu, de même.

Quand Mandrin eut lû à ses camarades tous ces articles, il leur proposa de jurer de les observer tous sous peine de la vie. Ils jurerent, & on peut assurer qu'ils y ont été fideles.

Lorsqu'ils eurent tous juré, il leur dit qu'il falloit lui jurer à lui obéïssance. Pour faire cette cérémonie avec plus d'appareil & d'une maniere propre à les frapper & à les attacher inviolablement à sa personne, il leur dit: J'ai amené avec moi un petit enfant que j'ai volé dans un des fauxbourgs; que le plus brave d'entre vous aille le prendre dans l'appartement voisin, & l'égorge ici devant la troupe. Un nommé Brok, qui depuis a succédé à Mandrin, se leva le premier

& demanda qu'on le chargeât de cette affreuse commission : Mandrin l'en chargea. Brok alla chercher l'enfant, qui entra dans la chambre d'assemblée en jettant des cris effroyables, & qui auroient attendri des rochers. Brock n'en fut point touché ; il prit son poignard & l'enfonça impitoyablement dans la gorge de l'enfant. Quand le coup fut fait, Mandrin donna ordre de recevoir le sang qui couloit de la plaie dans un grand plat à soupe qui étoit sur la table. Lorsque le plat fut plein, il le fit mettre à côté de lui ; puis appellant ses camarades l'un après l'autre, il leur fit jurer à chacun sur le sang de cet enfant de lui être fideles jusqu'à la mort : ils le firent. Remarquez qu'en faisant leur serment ils avoient la main droite plongée dans le sang, & la gauche armée d'un pistolet. C'étoit un spectacle diabolique : on n'en verra jamais de plus effroyable qu'en enfer. Tout cela se fit avec une tranquillité & d'un sang froid qui fait trembler quand on y pense. La cérémonie étant achevée, Mandrin fit couper le cadavre en morceaux, & chargea chacun d'en porter un lambeau dans sa poche. Ensuite avant que de sortir il nomma Brok son Lieutenant Général : le barbare étoit digne d'être le second d'un si méchant homme.

CHAPITRE XIV.

Comme quoi Louis Mandrin marcha à la tête de sa troupe vers le Village de Curson, & le carnage qu'il y fit.

LA première expédition de Mandrin dont on ait connoissance depuis le jour où il fut installé Chef des Contrebandiers, est l'expédition de Curson. Comme il approchoit près de ce Village il apprit qu'un détachement de la brigade de Romans étoit en embuscade pour le surprendre. Aussitôt il détache un corps de Contrebandiers armés de fusils, de pistolets & d'épées. Ils s'avancent fiérement vers le Village, joignent les Employés. Il se fit de part & d'autre une triple décharge, dont l'effet incommoda beaucoup les Employés; deux furent tués sur le champ de bataille, & deux autres blessés à mort: le Brigadier étoit du nombre des morts. Cet échec fit fuir les Employés. On s'empara des dépouilles des morts, & du cheval du Brigadier. Brok, qui commandoit le

Détachement des Contrebandiers, prit la liberté d'offrir à Mandrin le chapeau du Brigadier, qui étoit bordé d'or, comme un gage de sa fidélité & de sa valeur. Mandrin lui fit la grace de l'accepter, & le porta souvent les jours de bataille. Il vouloit marquer par-là l'estime qu'il faisoit du courage, afin d'animer ses autres Associés à imiter Brok, modéle presque inimitable en fait de scélératesse.

CHAPITRE XV.

Comme quoi Louis Mandrin traita fort bien un Gentilhomme de Bourgogne.

MAndrin, dans une de ses courses, se trouva sur le soir loin des Hôtelleries, mais proche le Château d'un Gentilhomme Bourguignon. Il arrête sa Troupe dans les avenues, & entre accompagné seulement de Brok. Il demande à parler au Maître du Château, & dit qui il étoit. Le Domestique qui alla l'annoncer eut grande peur, le Maître n'étoit pas beaucoup plus rassuré. Cependant on fit entrer Mandrin. Il fit son compliment de bonne grace, & dit qu'il venoit demander à souper à M. le Gentilhomme. M. Mandrin me fait bien de l'honneur, dit le Gentilhomme, mais je n'ai pas de provisions faites pour tant de monde; & malgré l'envie que j'ai de vous témoigner mon estime, à vous & à tous ces Messieurs, je ne vois pas que je puisse y fournir. Monsieur, reprit Mandrin, l'embarras ne sera pas si grand que vous pensez: M. Brok & moi nous aurons l'honneur de souper avec vous, & de coucher dans le Château; pour la Troupe, elle couchera dans les granges sur de la paille, & elle se contentera pour son souper de pain, de vin & de fromage: il faut faire à la guerre comme à la guerre; voilà tout ce que nous vous demandons. Ce procédé fit beaucoup de plaisir au Gentilhomme: il fit donner des ordres pour que la Troupe fût servie selon l'intention de son Chef. Elle le fut en effet. Pour Mandrin & son Lieutenant, on leur fit servir un souper magnifique. Mandrin fut très-agréable pendant la table: il étoit poli & honnête comme un Gentilhomme. Quand il eut bien soupé, un laquais le conduisit dans son appartement, & Brok fut conduit par un autre dans le sien. On leur mit à chacun deux flambeaux d'argent sur la table, dont on croyoit bien faire le sacrifice ; cependant il n'en fut rien.

Mandrin dormit fort bien, ainsi que son Lieutenant Brok. Mais le Gentilhomme ne dormit guères ; il étoit dans une inquiétude mortelle, il s'attendoit à être égorgé, ou brûlé. Il n'avoit pas tort, il avoit le Diable & l'Enfer logés chez lui ; cependant il ne lui en arriva aucun mal. Le lendemain matin on vint frapper à sa porte : c'étoit Mandrin, qui venoit lui faire présent d'une piéce de Mousseline magnifique, qu'il le pria d'accepter comme une marque de son estime & de sa reconnoissance. Le Gentilhomme n'osa refuser ce présent, il l'accepta avec un grand air de contentement & de respect. Sur quoi Mandrin prit congé de lui, & alla rejoindre sa Troupe qui étoit en armes dans les avenues, & qui l'attendoit avec impatience. Le Gentilhomme le vit partir avec très-peu de regret. Dans la suite pourtant, quand il fut revenu de sa peur, il ne fut pas fâché d'avoir reçu la visite de Mandrin, parce qu'il avoit fait assez bonne contenance devant ces Aventuriers, & que cela lui avoit donné du relief dans la Province.

CHAPITRE XVI.

Comme quoi Louis Mandrin pilla plusieurs Recettes en Bourgogne.

A Mesure que Mandrin devenoit riche, il devenoit avide. Il ne se contenta pas des profits que lui produisoit sa marchandise, il entreprit de s'enrichir à quelque prix que ce fût aux dépens des Fermes. Il passa dans un grand nombre de Villes, dont il força les Receveurs de lui livrer la caisse : il força de même les Entreposeurs de recevoir son tabac & son sel. Quand il ne trouvoit pas dans les caisses publiques l'argent qu'il vouloit avoir, il obligeoit les Receveurs d'emprunter pour compléter la somme. Il n'est pas croyable combien il commit de brigandages de cette espéce : en allant ainsi de Ville en Ville, il commit beaucoup de meurtres & d'assassinats. Si j'avois pu rendre public son Procès Criminel, on verroit que cette Histoire y est contenue toute entiere, & qu'il n'y a pas un fait dans ce Livre qui ne soit de la plus exacte vérité.

CHAPITRE XVII.

Comme quoi Louis Mandrin à la tête de sa Troupe, en poursuivant des Employés, tua une femme grosse.

JE ne rapporterai pas dans cette Histoire tous les assassinats de Mandrin ; le détail en seroit trop long & même trop ennuyeux, parce que tous les Chapitres diroient la même chose, & ne différeroient que par le nom des personnes. Je me contenterai de citer quelques faits principaux : en voici un qu'on sera bien-aise de sçavoir en détail. Il poursuivoit un jour des Employés qu'il avoit rencontrés sur son chemin ; un d'eux s'échappa, & se voyant suivi de près, entra dans une maison, & y alla se cacher. Mandrin, qui avoit perdu de vûe son homme, ne douta pas qu'il ne se fût retiré dans cette maison : il frappe & se nomme, croyant que toutes les maisons lui devoient droit de visite. On ne lui ouvrit point, cela le fit entrer dans une colere épouvantable ; il prit une hache, qu'il portoit à sa ceinture, & enfonça la porte. Il n'y avoit dans cette maison que le fugitif, & la Maîtresse du logis, qui étoit grosse de huit mois. Mandrin chercha son homme dans tous les coins, & ne le trouva point : il le demanda à cette femme, qui jamais ne voulut le décéler ; elle répondit toûjours avec la plus grande fermeté & avec un courage digne d'un homme. Il faut sçavoir que cette femme avoit été prise autrefois avec du faux sel par le Commis qu'elle receloit, ce qui rend son action beaucoup plus remarquable, & fait voir une très-grande générosité de sa part. Cependant la colére de Mandrin augmentoit ; il mit plusieurs fois le pistolet sur la gorge à la Maîtresse du logis, pour lui faire dire où étoit le Commis. Cette généreuse femme déclara toûjours qu'elle ne le diroit pas ; qu'il la tueroit s'il vouloit, que le bon Dieu auroit pitié d'elle, & qu'il la vengeroit tôt ou tard d'un coquin qui avoit si peu de ménagement pour elle dans son état. Ce discours déconcerta un peu Mandrin, il fut un moment interdit ; mais revenant à lui-même, & s'armant de tout le courage que les grands scélérats portent dans le crime, il lui lâcha son coup de pistolet dans le cœur. Elle tomba morte sur le champ ;

champ; mais on aſſûre que les voiſins étant venus à ſon ſecours lorſque Mandrin fut ſorti de chez elle, on trouva qu'elle avoit accouché d'un garçon qui reſpiroit encore. Quelqu'un le baptiſa, & il mourut auſſitôt ; comme ſi Dieu lui eût conſervé la vie juſqu'au moment du Baptême pour récompenſer la généſité de ſa mere. On la regarde dans le pays comme une Martyre : en effet, elle eſt Martyre de la charité ; elle donna ſa vie pour ſon ennemi : on ne peut rien, même dans le Chriſtianiſme, de plus grand & de plus généreux.

CHAPITRE XVIII.

Comme quoi Louis Mandrin forçoit les Priſons pour recruter ſa Troupe.

ON compte juſqu'à dix-neuf Villes dont Mandrin ouvrit les priſons par violence. Il en fit ſortir tous les ſcélérats & tous les Contrebandiers qui voulurent s'enrôler dans ſa Troupe. On peut juger qu'il n'en reſta guères. Il prit le parti de faire ces ſortes d'expéditions quand il ſçut que le Roi envoyoit des Troupes contre lui pour ſoûtenir les

Employés & les Commis des Fermes. Quand il se vit à la tête d'une Troupe nombreuse, il n'attaqua plus seulement les Commis, il attaqua des Détachemens d'Infanterie & de Cavalerie, lorsqu'il put les rencontrer en petit nombre. Il combattoit ordinairement vingt contre dix, c'étoit sa méthode : ce qui fait qu'il a péri plusieurs des Soldats du Roi dans cette guerre, plusieurs Cavaliers de la Maréchaussée, & peu de Contrebandiers.

CHAPITRE XIX.

Expédition d'Autun.

CE n'étoit pas seulement aux petites Villes qu'il s'adressoit, il attaquoit des Villes considérables & il en forçoit les portes & les prisons, malgré la résistance des Employés, de la Maréchaussée, & des Habitans qu'on mettoit sous les armes.

L'année derniere on lui ferma les portes d'Autun, où il avoit dessein d'entrer pour en ouvrir la prison, & pour voler la caisse du Receveur. Il somma à plusieurs reprises le Maire d'ouvrir les portes de la Ville, & sur le refus qu'on lui fit, il déclara qu'il alloit mettre le feu aux fauxbourgs, escalader les murailles, & faire passer les Habitans au fil de l'épée, & que lui Maire seroit pendu, suivant les loix de la guerre. Mandrin avoit rencontré dans la plaine les Ecclésiastiques du Séminaire, & les avoit arrêtés. Il fit dire au Maire que s'il n'ouvroit ses portes dans une heure, il alloit faire étrangler tous ces jeunes Ecclésiastiques sous ses yeux. Le Maire se voyant hors d'état de résister davantage, fit ouvrir les portes. Aussitôt Mandrin relâcha les Ecclésiastiques : il entra dans la Ville, marcha droit aux prisons, de-là chez le Receveur des Gabelles & l'Entreposeur, ensuite chez le Receveur de la Ville, & en emporta tout l'argent qu'il y trouva. En partant il menaça le Maire de le faire pendre la premiere fois qu'il auroit l'audace de lui faire une pareille résistance, lui disant, qu'il lui pardonnoit pour cette fois. Mandrin fit grand nombre d'expéditions semblables dans les Villes de la Bourgogne, de la Franche-Comté, du Rouergue & du Dauphiné, tuant, volant, massacrant tous ceux qui lui faisoient résistance ; c'étoit un fléau dans toute cette contrée.

CHAPITRE XX.

Comme quoi Louis Mandrin fut arrêté.

LOuis Mandrin commandoit depuis deux ans avec de grands succès la troupe des Contrebandiers; cependant il se retira. Des Commis du Dauphiné plus résolus que les autres entreprirent de l'aller surprendre dans sa retraite : ils se déguiférent & se rendirent dans un Village, où on les assûra qu'ils le trouveroient; ils entrérent avec quelque peine dans la maison, parce que Mandrin, qui étoit dans de continuelles défiances, avoit fait barricader les portes : cependant les portes furent forcées, & les Commis entrerent l'épée à la main au nombre de vingt. Les Contrebandiers n'étoient que six, y compris Mandrin leur Chef, & Saint Pierre, frere de Brok. C'étoit la nuit du 10. au 11. Mai. Mandrin voyant que les forces n'étoient pas égales, crut qu'il étoit plus sage de se rendre, parce qu'il espéra que dans le voyage il rencontreroit quelque troupe de ses gens qui le tireroit aisément des mains des Commis.

Il fut trompé dans sa politique; le voyage se fit fort tranquillement jusqu'à Valence: il étoit escorté par trois cens hommes bien armés, & aucun Contrebandier n'osa se montrer sur la route par où il passa; trois cens Soldats du Roi de France ne sont pas aisés à forcer.

CHAPITRE XXI.

Comme quoi Mandrin arrive à Valence, y est renfermé dans les Prisons, condamné & exécuté.

Long-temps avant que Mandrin arrivât on avoit eu à Valence la nouvelle de sa prise; on sçavoit par un courier le jour & l'heure qu'il devoit arriver. Toute la Ville sortit pour aller au-devant de lui. Dès qu'on l'apperçut venir de loin, ce furent des cris & des acclamations générales; chacun s'empressa pour le voir des premiers, & quoique l'on fût dans la campagne il y avoit foule par-tout: ceux qui l'avoient vu vouloient encore le voir. Il entra fièrement, & avec un air de Conquérant qui faisoit rire, car cela alloit mal avec les chaînes qu'il avoit aux pieds & aux mains ; du reste on le trouva garçon de bonne mine. Dès qu'il fut en prison on l'attacha à un poteau par le ventre, par le col, par les bras & par les jambes, chaque chaîne pesoit trente livres. Les personnes les plus distinguées de la Ville allerent le voir : il répondit d'une maniere honnête à toutes les questions qu'on lui fit. Tout le monde lui trouvoit de l'esprit, il en avoit en effet ; mais comme il n'avoit point de Religion, il n'est pas surprenant qu'avec beaucoup d'esprit il fût un grand scélérat, c'est l'ordinaire.

Les Dames de la Charité, qui prennent soin des prisonniers, redoublerent leurs soins auprès de Mandrin, afin de l'engager par ce bon traitement à écouter les avis chrétiens qu'elles avoient à lui donner. Tant qu'elles ne lui parlerent point de Dieu, il les écouta, & leur répondit poliment ; mais quand elles voulurent l'engager à se confesser, il les traita avec la derniere indignité : c'étoient des Dames de la premiere distinction ; elles ne se rebuterent point, elles continuerent leurs soins & leurs bons avertissemens : souvent elles engagerent des Prêtres à le venir visiter, leurs vifites furent inutiles, il déclara qu'il ne fe confefferoit à aucun des Prêtres de la Ville.

Cependant fon Jugement avançoit, & il alloit être condamné, lorfque Monfieur l'Evêque de Valence, inftruit des mauvaifes difpofitions du Criminel, engagea un Jéfuite Italien du Collége de Tournon nommé le Pere Gafparini, homme très-vertueux & très-charitable, à fe rendre auprès de Mandrin. Ce Pere fut très-fatisfait d'avoir à travailler au falut d'une ame ainfi défefpérée. Il fe rendit à la prifon, & aborda le Criminel avec un air d'amitié qui le gagna. Comme le Pere Gafparini découvrit que Mandrin étoit homme d'efprit, & qu'il avoit lu les Ouvrages des Impies de nos jours, il lui fit quelques raifonnemens courts, mais forts & invincibles pour lui prouver la vérité de notre fainte Religion. Comme le Pere parloit toûjours avec beaucoup de douceur, & qu'il paroiffoit témoigner beaucoup de bonté pour Mandrin, cela le gagna. Il fit cependant au Pere quelques difficultés, dont il comprit très-bien les réponfes, parce que fa fituation le rendoit docile à la vérité, & qu'il n'avoit plus aucun intérêt à douter des Dogmes de notre fainte Foi.

Il se confessa, & donna beaucoup de marques de pénitence. Il convint de tous ses crimes devant ses Juges, & déclara tous ses complices. Ses Juges furent touchés de ses sentimens, & de la maniere noble, honnête & chrétienne dont il s'exprimoit. Le 26. Mai son Jugement fut prononcé, & il fut exécuté à cinq heures & demie du soir le même jour. Le Président de la Chambre qui le jugea s'appelle M. Levet, & est Seigneur de Malaval; c'est-là ce que la Sorciere entendoit, quand elle prédit à Mandrin qu'il seroit mal-avalé. Il vit la mort avec une grande résignation & un grand courage. Il demanda à boire un verre d'eau de la Côte, avant de s'étendre sur la croix, pour avoir plus de force & de constance; des Dames, qui étoient présentes, & qui en avoient apporté avec elles, lui en donnerent. Il fut exécuté de la maniere accoûtumée, & expira avec des sentimens dont tout le monde fût édifié. Il n'est point de pécheur qui ne puisse espérer en la miséricorde de Dieu, quelqu'endurci qu'il soit dans le crime, & quelques attentats qu'il ait commis.

FIN.

www.ingramcontent.com/pod-product-compliance
Lightning Source LLC
Chambersburg PA
CBHW070702050426

42451CB00008B/453